A MON PÈRE ET A MA MÈRE,

A MA TANTE.

FACULTÉ DE DROIT DE TOULOUSE.

ACTE PUBLIC

POUR LA LICENCE,

EN EXÉCUTION DE L'ARTICLE 4, TITRE 2, DE LA LOI DU 22 VENTÔSE, AN 12.

SOUTENU

Par M. de GALIBERT (Charles),

Né à MONTCLAR (Lot-et-Garonne.)

JUS ROMANUM.

LIB. II.

De rerum divisione.

Principalis rerum divisio à Justiniano constituta hœc est ; vel
nostro in patrimonio ; vel extra patrimonium nostrum, res ha-
bentur. Quæ nostro in patrimonio sunt, duobus modis, vel jure

1

1849

gentium , vel jure civili, nobis adquiruntur. Jure naturali, plures sunt adquirendi modi; inter quos accessio , quœ nobis elaboranda sortita est.

De Accessione.

A jurisprudentibus , tres accessionis , distinguuntur modi : 1° Accessio naturalis ; 2ᵉ Artificialis ; 3° Mixta.

CAPUT PRIMUM.

Primo de accessione naturali videamus.

Eaquæ ex animalibus, dominio nostro subjectis , nata sunt nobis adquiruntur.

Idquod actione aquarum fundo adjicitur, nobis fit; item mutatione cursus fluminis, sæpe prædium nobis augetur. Cujus adquirendi modi, plura sunt genera.

1° Alluvio. Est alluvio, incrementum latens. Per alluvionem autem, id videtur adjicii quod ita paulatim adjicitur ut intelligere non possis, quantum, quoquo momento , temporis adjicitur. Sed quod lacus, stagna et campos limitatos attinet, nunquam est alluvio;

2° Si vi fluminis pars aliqua ex nostro prædio detracta et vicini prædio allata fuerit, palam est, eam nobis permanere , donec planè hæserit, aut incorporata fuerit vicini fundo.

In flumine medio , nata insula , illorum communis est qui ab utraque parte fluminis, prope ripam, prædia habent, sed differenter dividitur , prout in medio vel uni parti proximior sit fluminis.

Si totus ager inundatus, neque fundi species mutata fuerit, postquam recesserunt aquæ, ejusdem semper est, cujus fuerat. Si flumen irrumpens , agrum alicujus in insulam mutavit, ejusdem semper est cujus fuerat.

Si alveum flumen reliquerit illorum fit qui prope ripam præedia habent pro modo latitudinis cujus que agri , quæ latitudo propè ripam est. Si flumen novum alveum relinquens, in antiquum redierit, relictus alveus, eorum debet fieri qui prope ripam præedia habent. Quæ lex dura videtur et, ut ait Gaius, vix est ut obtineaat.

CAPUT SECUNDUM.

De accessione artificiali.

Si alienà materià, species aliqua facta sit, cujus erit , fabri vel domini ? Variæ sunt opiniones. Proculeiani eam fabro esse dicebant; sabiniani autem materiæ domino. Semper autem , ille cui abrepta est materia adversus furem, furti habet actionem. Si materia pristinum in statum reduci potest, Justinianus domino illam reddi vult, nam forma solùm, non substantia materiæ mutatur ; sed si pristinum in statum reduci non potest, fabro erit, etenim exstinctæ res vindicari non possunt. Si species nova partim proprià, partim alienà materià confecta est, certum est ejus esse dominum, qui fecit faber; sed in hoc casu tantum si species non possit in pristinium statum reduci. Deinde cum nemo cum jacturà altèrius debeat fieri locupletior , qui corpus novum habebit , alteri mercedem solvet.

Si species facta est duobus materiis, quæ diversis dominis erant, dominus rei principalis speciem habebit et enim accessorium cedit principali. Est enim præcipua res quæ sine alterà existere potuerat quamvis multò majus præetium haberet quam principalis. Si modo alienam purpuram vestimento suo quis intexuit, licet pretiosior est purpura , accessionis vice , cedit vestimento et qui dominus fuit purpuræ , adversus eum qui subripuit, habet actionem et condictionem furtivam , vel actionem ad exibendum si error tantum fuit.

Si dominus fundi, suo in fundo alienis materiis ædificacia ædificaverit, ædificium ejus erit, etenim quod solo inædificatur, solo cedit , et deinde accessorium cedit principali. Dominus materiæ , materiam vindicare non poterit, ne ædificia rescindi necesse sit neque actionem ad exibendum invocare. Sed cum dominus materiam impune perdere non potest, si forte ædificia resciduntur nec dominus duplum pretium materiæ obnuit, per vindicationem, materiam vindicare poterit , quæ regula ferruginationi non applicatur. — Si verò dominus materiæ , alieno solo ædificaverit, domino soli , ædificium erit et enim quod solo inædificatur, solo cedit. Si tamen qui ædificaverit, bonæ fidei erat et possessor illius ædificii, dominus soli ædificium vindicare non poterit nisi pretium materiæ et pretium fabrorum solverit, alioquin per exceptionem doli mali expelletur. Sed quid juris si ædificator malæ fidei fuerit vel non possessor, pretium materiæ poterit ne vindicare? Nullam actionem lex illi concedit, sed jurisprudentes, speciali favore , illi mercedem concedebant pro impensis necessariis , ædificio que diruto, materiam, vindicare poterat.

Si quis alienà in carthâ, scripserit, domino papyri, cartha scripta erit. Si tamen bonæ fidei scriptor possidet cartham, pretium scripturæ exigere potest à domino cartham petenti ; quod nisi solvat , exceptione doli mali expelletur.

Si quis alienà in tabulà pinxerit placuit per exceptionem tabulam picturæ cedere , sic pictor dominus erit tabulæ et illam vindicare poterit dum modò solvat pretium, sic præponitur domino tabulæ qui habet tamen adversus pictorem actionem utilem.

Si duo liquida corpora, voluntate , aut sine dominorum voluntate confusa sint, liquor novus illorum communis erit. Si duo solida corpora mixta sunt, si illud voluntate dominorum factum est, tunc corpus novum, illorum commune est ; si autem sine illorum voluntate factum est illud corpus novum non fit commune , quia propriam speciem quodque servavit.

CAPUT TERTIUM.

De mixtâ accessione.

Si quis proprio in solo, alienas arbores plantaverit, aut aliena grana posuerit, arborum et granorum dominus fit, ubi radices egerint ; tunc enim planta solo incorporata est. Idem accidit si quis arbores, aut grana in alieno fundo posuerit, soli dominus semper arborum et granorum dominus erit. Arborum et granorum dominus illorum pretium vindicare semper poterit.

CODE CIVIL.

De la capacité pour donner ou pour recevoir à titre gratuit.

Nous diviserons cette matière en deux sections. Dans la première, nous nous occuperons de la capacité de disposer par donation entre vifs ou par testament ; dans la seconde, de la capacité de recevoir.

SECTION Ire.

De la capacité de disposer par donations entre vifs ou par testament.

En principe, toute personne peut disposer ou recevoir par donation entre vifs ou par testament. Les incapacités sont des exceptions; elles doivent résulter du texte même de la loi.

Plusieurs catégories de personnes sont absolument incapables de disposer, soit par donation entre vifs, soit par testament. Nous diviserons cette matière importante en plusieurs paragraphes.

§ 1er. — *Insanité d'esprit.*

Celui qui veut disposer à titre gratuit doit être moralement et physiquement capable d'avoir une volonté et de la manifester. D'après ce principe, nous déclarerons incapables de faire une donation entre vifs, ou un testament, tous ceux qui n'ont pas l'esprit sain. Ainsi une personne qui se trouve dans un état habituel de fureur, d'imbécilité ou de démence, sera incapable. Si une personne a été interdite pour une de ces causes, les actes de donation ou de testament qu'elle a faits depuis sont radicalement nuls. Celui en faveur de qui ils ont été faits ne sera pas même admis à prouver qu'il était au moment de la passation de cet acte dans un intervalle lucide. Mais quid quant à ces sortes d'actes, faits avant l'interdiction ? nous pensons que les actes qui ont été faits avant l'interdiction pourront être annulés, s'il est prouvé que la cause d'interdiction existait à l'époque où ils ont été faits. Mais qu'arrivera-t-il si l'interdiction n'a été prononcée ni provoquée? Comme les donations entre vifs et les testaments sont des actes à titre gratuit et par conséquent considérés sous un point de vue spécial, afin d'éviter la fraude, l'héritier de l'insensé et du furieux, pour anéantir ces actes, n'aura qu'à prouver même par témoins que l'auteur de ces dispositions était momentanément privé de raison au moment où il a disposé, alors même que sa démence ne serait pas notoire. On peut encore attaquer les actes de donation entre vifs, ou les testaments faits par celui qui se trouvait en état d'ivresse.

La captation et la suggestion, sont encore des motifs pour lesquels on peut attaquer les actes à titre gratuit.

Les aveugles, les sourds, les muets et même les sourds et muets, peuvent disposer à titre gratuit et par testament, pourvu qu'ils puissent manifester leur volonté d'une manière claire et précise. Dès qu'ils l'ont fait, ils ont rempli le vœu de la loi, et leurs actes sont valables.

§ II. — *Le mort civilement.*

Pour disposer à titre gratuit, il faut nécessairement exister. Le mort civilement est considéré aux yeux de la loi comme n'existant plus; ainsi les actes de donation à titre gratuit, ou les testaments qu'il pourrait faire, sont nuls de plein droit.

§ III. — *Le mineur.*

Le mineur âgé de moins de seize ans ne peut disposer d'aucune partie de ses biens ; il faut cependant faire une distinction : s'il s'agit d'objets mobiliers, comme l'émancipation donne au mineur le droit d'aliéner ces sortes de choses, il n'y pas de difficulté pour refuser au mineur émancipé la faculté de disposer à titre gratuit.

Dès que le mineur a atteint la seizième année, alors sa position change. L'incapacité absolue, qui jusqu'alors a pesé sur lui, continue à subsister quant aux donations entre vifs ; mais quant au testament, elle sera de beaucoup modifiée. L'article 904 porte : « Le mineur de seize ans ne pourra disposer que par testament et jusqu'à concurrence seulement de la moitié des biens dont la loi permet au majeur de disposer. » Ainsi donc, à seize ans accomplis, le mineur peut disposer de la moitié des biens dont il aurait pu disposer s'il avait été majeur. Mais comme nous l'avons déjà dit, il ne pourra donner que par testament, jamais par donation entre vifs. Pour jouir de cette capacité, il faudra qu'il ait atteint la vingt-unième année. D'autre part, dès que le mineur est habile à contracter mariage, par ce seul fait, il peut, en vertu de l'article

1095, faire, par contrat de mariage, toutes les dispositions gratuites qu'un majeur est autorisé à faire en pareil cas.

§ IV. — *Le failli.*

Le failli est incapable de disposer de ses biens par donation entre vifs ou par testament. L'article 446 du Code de Commerce porte : « Sont nuls et sans effet relativement à la masse, lorsqu'ils auront été faits par le débiteur, depuis l'époque déterminée par le tribunal comme étant celle de la cessation de ses paiements, ou dans les six jours qui auront précédé cette époque, tous actes translatifs de propriétés mobilières ou immobilières à titre gratuit. » Et cela pour deux raisons : d'abord il est probable que ses biens ne suffiront pas pour acquitter ses dettes; comment alors pourrait-il songer à gratifier quelqu'un lorsque sa fortune ne suffira pas pour payer ses créanciers. De plus, le jugement qui déclare la faillite lui ôte l'administration de ses biens. Comment, dans ce cas, pourrait-il en disposer ?

§ V. — *La femme mariée.*

La femme mariée ne peut, sans l'assistance ou le consentement de son mari, faire une donation entre vifs. Si le mari refuse, elle peut s'y faire autoriser par justice. Elle ne pourra, sans cette autorisation, faire aucune donation sous quelque régime qu'elle soit mariée, et encore qu'elle serait séparée de biens. Cette disposition n'a été dictée que par une considération d'ordre public. La femme, pendant le mariage, se trouve placée sous l'autorité de son mari ; cette autorité serait blessée, si la femme, qui ne peut vendre ses meubles sans autorisation, pouvait en disposer par donation entre vifs. Elle ne pourrait disposer de cette sorte, même de ses effets mobiliers, car la donation n'est nullement un acte d'administration. Mais, nous répondra-t-on, que deviendront alors les articles 1449 (La femme séparée, soit de corps et de biens, soit de biens seulement, en reprend la libre administration ; elle peut disposer de son mobilier et l'aliéner.) et l'article 1536 : (Lorsque les époux ont stipulé par leur contrat de mariage qu'ils seraient séparés de biens, la femme conserve l'entière administration de ses biens meubles et immeubles, et la libre jouissance de ses revenus.) Nous répondrons à cette objection : elle ne doit jouir de ce droit que pour les actes à titre onéreux et jamais pour les donations à titre gratuit. Mais quant aux testaments, il en est bien autrement. Le testament ne produira son effet qu'après la mort de la femme et par conséquent après la dissolution du mariage. Alors la puissance maritale sera brisée. C'est pour cette raison que la loi a décidé que la femme pouvait, sans l'autorisation de son mari, disposer par testament.

§ VI. — *Le condamné par contumace.*

Les contumaces sont-ils incapables de disposer par donations entre vifs et par testament, tant que dure le contumace? Sur cette question importante, nous ferons une distinction. Nous pensons que le but de la loi est de le priver de l'administration de ses biens; par conséquent nous le réputons incapable de faire une donation entre vifs. Nous ne pensons pas cependant que la loi ait eu l'intention de le priver de la jouissance du droit de tester ; ainsi, nous l'estimons capable de faire un testament. Si un contumace, condamné à une peine emportant mort civile, vient à tester , son testament ne sera valable qu'autant qu'il mourra avant d'avoir encouru la mort civile.

§ VII. — *Les prodigues et ceux qui sont soumis à un conseil judiciaire.*

Voyons quelle sera la capacité des prodigues et de ceux aux quels il a été donné un conseil judiciaire pour faiblesse d'esprit

2

ou pour incapacité : 1° quant aux donations ; 2° quant à la faculté de tester. Les individus qui sont placés dans ces deux catégories ne pourront jamais faire aucune disposition entre vifs, qu'autant qu'ils y auront été autorisés par leur conseil. Mais que déciderons-nous, quant à leur capacité pour tester? Auront-ils besoin de l'autorisation de leur conseil, ou bien cette autorisation ne leur sera-t-elle pas nécessaire ? Ils peuvent tester sans cette autorisation, mais on pourra attaquer cet acte comme ayant été fait par une personne n'étant pas saine d'esprit ; et si on parvenait à le prouver, le testament serait annulé.

§ VIII. — *Etat des individus qui se trouvent en état d'interdiction légale par suite de condamnations à une peine afflictive ou infamante.*

Les individus qui se trouvent dans cet état, ne pourront, pendant la durée de l'interdiction légale, disposer par donation entre vifs, mais la loi leur accorde la faculté de tester.

SECTION II.

De la capacité de recevoir par donation entre vifs ou par testament.

Pour recevoir, comme pour disposer, il faut nécessairement exister, le néant n'est capable de rien. Mais par un motif d'humanité, la loi romaine avait décidé que l'enfant conçu serait réputé né dès qu'il s'agirait de ses intérêts. Le Code Civil a reproduit la même disposition. Mais il faut faire une distinction. Quant aux testaments, pour que l'enfant puisse profiter de cette disposition de la loi, il lui suffit d'être conçu à l'époque de la mort du testateur; quant aux dispositions entre vifs, il devra être conçu au moment de la donation : c'est-à-dire au moment de l'acte par lequel on lui donne. Mais la conception n'est pas la seule condition requise pour que l'enfant puisse recueillir la libéralité, il faut de plus qu'il naisse viable. Sans cela, la disposition faite en sa faveur devient nulle.

Voyons maintenant quelles sont les personnes qui sont incapables de recevoir par donation entre vifs ou par testament. Nous remarquerons deux espèces d'incapacités : les incapacités absolues, et les incapacités relatives.

Sont incapables de recevoir d'une manière absolue, les morts civilement. Nous avons vu dans l'art. 906 que pour recevoir par donation entre vifs ou par testament, il fallait nécessairement exister ; car le néant n'est capable de rien. Par suite de cette disposition, nous déclarerons le mort civilement absolument incapable de recevoir par donation entre vifs ou par testament ; cette incapacité est absolue. En effet, il est considéré aux yeux de la loi comme mort ; son mariage se trouve dissous, ses biens lui sont enlevés. La loi cependant a admis une exception en sa faveur. Elle a eu pitié de sa malheureuse position et n'a pas voulu entièrement abandonner cet infortuné : il peut recevoir pour cause d'aliments. Mais craignant qu'on abusât de cette faculté, le législateur a décidé que ces dispositions seraient réductibles en cas d'excès.

Sont incapables de recevoir d'une manière relative, certaines catégories de personnes que nous allons énumérer. Pour plus de clarté, nous diviserons cette matière en plusieurs paragraphes.

§ Ier. — Le tuteur.

L'art. 970 porte : « Le mineur, quoique parvenu à l'âge de 16 ans, ne pourra même par testament disposer au profit de son tuteur.

Le mineur, devenu majeur, ne pourra disposer soit par donations entre vifs, soit par testament au profit de celui qui aura été son tuteur, si le compte définitif de la tutelle n'a été définitivement rendu et apuré. Sont exceptés dans les deux cas ci-dessus, les ascendants des mineurs, qui sont ou qui ont été leurs tuteurs.

Le législateur, qui avait permis au mineur de 16 ans de disposer par testament d'une partie de ses biens, a craint que cette disposition ne donnât lieu au dol et à la surprise.

Placé sous l'autorité de son tuteur, qui presque toujours exercera sur l'esprit de l'enfant une grande influence, soit par l'affection ou par la crainte qu'il lui inspirera, il aurait été facile au tuteur de le faire tester en sa faveur. Or, nous savons que celui qui teste doit être entièrement libre de ses actes, et que ces actes qui sont passés sous l'empire de la violence ou de la crainte sont nuls. Ce n'était pas encore assez que d'avoir pris des précautions pour protéger le mineur pendant sa minorité, il fallait encore le protéger après sa majorité ou son émancipation contre l'influence que son tuteur pourrait avoir sur lui. Pour ce motif, il a décidé que le mineur, devenu majeur ou émancipé, ne pourrait rien recevoir de son pupille tant que le compte n'a pas été rendu et apuré, c'est-à-dire jusqu'à ce que le compte ait été discuté et la balance arrêtée. Nous ne croyons pas qu'il soit nécessaire que le reliquat ait été payé; ce que la loi veut, c'est que le donateur connaisse sa position lorsqu'il disposera; de plus nous sommes d'avis que cette incapacité ne doit durer que dix ans à partir de la majorité; en effet, toute espèce d'actions contre le tuteur sont prescrites par ce laps de temps.

Nous avons dit que le mineur ne peut donner à ce tuteur, nous dirons aussi qu'il y a de nombreuses exceptions à cette règle. D'abord les ascendants des mineurs, l'affection qu'ils sont censés avoir pour leurs descendants, les met à l'abri de toute suspicion de dol ou de violence pour extorquer une libéralité du mineur, et de plus si le mineur vient à mourir, ils se trouveront souvent au nombre des parents appelés à lui succéder. En second lieu, quoique le mineur ne puisse donner à son tuteur jusqu'à ce que le compte de tutelle ait été apuré, nous n'admettons cependant cette exception qu'avec une certaine hésitation ; le tuteur ne pourrait-il pas, en effet, profiter de son ascendant sur l'enfant pour lui extorquer une libéralité en faveur de l'un de ses proches? Nous pensons encore que le mineur pourrait disposer en faveur de son subrogétuteur, de son curateur, de son conseil judiciaire, de son administrateur, pourvu toutefois qu'ils n'aient pas participé de fait à l'administration de ses biens.

§ II. — *Le Médecin , le ministre du culte.*

Sont incapables de recevoir à titre gratuit ou par testament, les ministres du culte, les docteurs en médecine ou en chirurgie, les officiers de santé et les pharmaciens qui auront traité une personne pendant la maladie dont elle meurt. Il était à craindre , en effet, que les malades sous l'influence qu'exercent nécessairement sur son esprit ceux qui sont appelés à lui donner les secours de l'art et de la religion, ne fissent en leur faveur des dispositions au préjudice de leur famille.

Pour que l'acte fait par un malade en faveur des personnes que nous venons d'indiquer soit nul , il faut le concours de plusieurs circonstances. Il faut que cet acte ait été fait pendant la maladie. Il en serait tout autrement , si cet acte datait d'une époque antérieure , car alors il ne rentrerait pas dans le cas prévu par la loi ; il faut de plus que la personne qui a fait cet acte soit morte de cette maladie. Si elle est relevée et qu'elle laisse subsister cet acte, son approbation postérieure de cet acte, par le fait seul qu'elle ne l'annule pas, purge le vice de cet acte qui sera dès-lors valable. Mais alors un malade ne pourra jamais, par reconnaissance , faire aucune gratification aux personnes dont nous nous occupons? Si, répondrons-nous ; la loi ne pousse pas la rigueur jusque-là. Elle a voulu seulement empêcher l'injustice et prévenir les cas nombreux où de malheureuses familles seraient dépouillées de la succession du malade par la captation ou la suggestion du médecin ou du ministre du culte. Elle peut les gratifier , mais la récompense doit toujours être en proportion avec sa fortune ; et elle sera réductible si elle est trop considérable. De plus, il y a une exception à la règle contenue dans cet article en faveur du ministre du culte, du medecin qui seraient alliés du malade au quatrième degré inclusivement, lors même qu'ils ne seraient pas appelés à la succession légitime , pourvu qu'il n'y ait pas de parents en ligne directe. Il faut encore faire quelques distinctions nécessaires à l'intelligence de la matière. Un médecin qui aurait été appelé en consultation ou un pharmacien qui aurait seulement fourni des remèdes au malade, seraient exceptés de cette règle.

§ III. — *Les enfants illégitimes.*

Les droits des enfants naturels sur la succession de leur père et mère sont réglés par la loi, et il leur est interdit de rien recevoir au-delà soit par donation, soit par testament.

§ IV. — *Hospices, établissements d'utilité publique, pauvres d'une commune.*

Sous l'empire des lois anciennes, les personnes morales étaient absolument incapables de rien recevoir. Sous l'empire du code , les personnes morales ne sont plus frappées de cette incapacité, mais elles doivent au préalable remplir certaines formalités. Ces formalités ne sont autre chose qu'un acte d'autorisation qu'elles doivent recevoir du chef de l'état : le conseil d'état entendu, et sur l'avis du préfet ou de l'évêque diocésain, suivant la nature de l'établissement. Si cependant la donation n'excède pas 300 francs, il suffit de l'autorisation du préfet ; mais l'approbation de l'évêque diocésain sera nécessaire , s'il y a charge de services religieux,

Appendice.

Ce serait en vain que la loi aurait déclaré certaines personnes incapables de recevoir , si on avait pu leur donner d'une maniè-re indirecte. L'article 911 est ainsi conçu : Toute disposition au profit d'un incapable sera nulle , soit qu'on la déguise sur la forme d'un contrat onéreux , soit qu'on la fasse sous le nom ᵕ personnes interposées. Seront réputées personnes interposées les père et mère, les enfants et les descendants, et l'époux de la personne incapable.

La loi prévoit deux cas : Le premier est celui où l'on déguiserait la donation entre vifs ou testamentaire sous la forme d'un contrat à titre onéreux, par exemple , une vente. Selon cette maxime de la loi romaine : *Onus probandi incumbit ei qui agit* , ce sera à celui qui allègue la fraude à la prouver. Le second cas que prévoit la loi, est celui où la donation serait faite sous le nom d'une personne interposée , c'est-à-dire, une personne chargée de remettre la chose à l'incapable. Peu importe que la parenté soit légitime, adultérine ou incestueuse; dans tous ces cas, la règle est toujours la même, mais il ne faut pas ajouter à la rigueur de la loi et ne pas augmenter le nombre des personnes considérées comme interposées; ainsi la prescription de la loi n'atteindra pas les ascendants de l'incapable, autre que les père et mère.

CODE DE PROCÉDURE.

Des jugements. — Des dépens.

Les jugements pourront se diviser en plusieurs catégories, d'après le point de vue sous lequel on les envisage.

Sont-ils ou non susceptibles d'appel, ils sont en premier ou en dernier ressort.

Ils sont contradictoires, par forclusion ou par défaut, suivant que l'opposition est interdite ou permise.

On les distingue en définitifs, préparatoires, interlocutoires ou provisoires, suivant qu'ils terminent ou non définitivement le procès.

Nous omettons ici les règles générales communes à tous ces jugements, pour ne nous occuper que d'une des dispositions accessoires que les jugements peuvent contenir, c'est à dire des dépens.

Section unique.

Des dépens.

On appelle dépens les frais que les parties exposent devant les tribunaux pour se défendre, et qui doivent être supportés par la partie adverse quand elle succombe.

Nous diviserons cette importante matière en quatre paragra-phes : 1° condamnation aux dépens ; 2° distraction ; 3° compen-sation ; 4° liquidation des dépens.

§ 1er. De la condamnation aux dépens.

L'article 130 porte : « Toute partie qui succombe, sera condam-née aux dépens. » Cette règle est applicable tant aux jugements qui terminent le procès, qu'à ceux qui jugent d'une manière défi-nitive un simple incident.

Quid des jugements préparatoires ou interlocutoires ?

Le ministère public en France ne peut pas être condamné aux dépens.

Il peut arriver que la partie condamnée aux dépens ne figure pas au procès en son nom personnel, alors elle n'est censée condam-née qu'en sa qualité. Cependant, les tuteurs, curateurs, héritiers bénéficiaires ou autres administrateurs qui auraient compromis les intérêts de leur administration, pourront être condamnés aux dé-pens, en leur nom et sans répétion, même aux dommages-inté-rêts, s'il y a lieu. (Art. 132.) Cela doit être expressément men-tionné dans le jugement.

Les avoués et huissiers qui auraient excédé les bornes de leur ministère, peuvent aussi, d'après l'art. 132, être condamnés aux dépens en leur propre nom, sauf préjudice de l'interdiction con-tre les avoués et huissiers. Cependant, ces peines ne pourraient leur être appliquées qu'autant qu'on a introduit contre eux une action en désaveu.

Si la condamnation aux dépens est prononcée contre plusieurs débiteurs solidaires, sont-ils tenus solidairement au paiement des dépens ? — Oui. (Cass. 11 janvier 1825.)

Quid dans le cas de simple communauté d'intérêts ? La solida-rité, ce nous semble, ne pourrait pas être prononcée pour les dé-pens.

3

§ II. — *De la compensation des dépens.*

L'art. 131 indique les cas dans lesquels la compensation des dépens peut être ordonnée. — « Pourront néanmoins les dépens être compensés, en tout ou en partie, entre conjoints, ascendants, descendants, frères et sœurs et alliés au même degré; les juges pourront aussi compenser les dépens en tout ou en partie, si les parties succombent respectivement sur quelques chefs.» Lorsque les dépens sont compensés en totalité, chaque partie supporte ceux qu'elle a faits : lorsqu'ils sont compensés en partie , l'une d'elles n'obtient de condamnation contre l'autre que pour la moitié, par exemple, pour le tiers de ses dépens. Les juges peuvent aussi ordonner qu'il sera fait une somme des dépens de toutes les parties et qu'elles les supporteront par portions égales ou inégales.

Par une exception particulière à la règle qui veut que les dépens soient à la charge de la partie qui succombe, la loi en a permis la compensation dans les cas de parenté ou d'alliance , afin de prévenir les haines et les jalousies entre les familles. Mais cette exception ne peut être étendue à d'autres parents ou alliés que ceux indiqués par la loi. Dans le premier comme dans le deuxième cas de l'art. 131, la compensation des dépens est purement facultative, car la loi s'exprime en termes qui ne peuvent laisser aucun doute à ce sujet.

§ III. — *De la distraction des dépens.*

Les avoués, porte l'art. 133, pourront demander la distraction des dépens à leur profit en affirmant lors de la prononciation du jugement qu'ils ont fait la plus grande partie des avances. La distraction des dépens ne pourra être prononcée que par le jugement

qui en portera la condamnation; dans ce cas la taxe sera poursui-
vie et l'exécutoire délivré au nom de l'avoué , sans préjudice de
l'action contre sa partie.

Il est juste que l'avoué,après avoir fait l'avance des frais, puisse
les réclamer directement contre la partie condamnée.

Cette distraction prononcée, la partie condamnée ne peut point
se libérer entre les mains de la partie adverse. Pourrait-elle oppo-
ser en compensation à l'avoué une créance qu'elle aurait sur le
client de ce dernier ? Non.

Malgré la distraction, l'avoué conserve toujours un recours di-
rect contre sa partie.

Si l'on a relevé opposition ou appel du jugement , le droit de
l'avoué se trouve paralysé par l'effet suspensif.

Il en est autrement des voies extraordinaires, tel que le pourvoi
en cassation.

§ IV. — *Liquidation des dépens.*

On liquide les dépens de deux manières, selon que l'affaire est
sommaire ou ordinaire.

Dans les affaires sommaires, la liquidation des dépens et frais
doit être faite par le jugement même qui les adjuge (art. 543 Pr.)

La liquidation des dépens en matière ordinaire est réglée par le
décret du 16 février 1807.

Elle est faite par l'un des juges qui ont assisté au jugement.

CODE DE COMMERCE.

Du paiement de la lettre de change.

En matière de lettre de change , le créancier non-seulement peut, mais doit demander le paiement le jour de l'échéance. C'est là tout à la fois pour lui un droit et une obligation.

D'un autre côté, le tiré ne peut compter sur sa libération complète que lorsqu'il paie à l'échéance. S'il soldait avant cette époque, il s'exposerait à payer deux fois ; lorsque, par exemple, l'un des signataires serait un incapable.

Aux termes de l'art: 145, le tiré qui paie à l'échéance est présumé valablement libéré. Pour interpréter sainement cet article , nous établirons une distinction entre les vices que nous appellerons *matériels* et ceux que nous nommerons *intellectuels.* Dans le premier cas, lorsque, par exemple, une lacune existait dans la suite des transports , le tiré resterait responsable et soumis à un nouveau paiement. Dans le second cas, lorsque, par exemple l'endossement émanait d'un mineur, le tiré serait complètement libéré , car il se serait trouvé dans l'impossibilité de s'éclairer par ses yeux.

Le paiement doit être fait en numéraire, et même dans les espèces indiquées par la lettre, si elle renferme à cet égard une stipulation suffisamment explicite.

Le porteur ne pourrait pas être contraint de recevoir le paiement avant l'échéance , car il peut avoir grand intérêt à ne pas recevoir un paiement anticipé. Pourrait-il recevoir un paiement partiel ? Oui.

Pour ajouter à la *sécurité* et à l'*utilité* des effets de commerce, le législateur a autorisé l'émission des duplicata. Dans le premier but l'on a créé le double que nous appellerons exemplaire *de sureté*, dont la nécessité se fait sentir lorque la traite doit franchir des passages dangereux, que l'on a à redouter la perte du titre, et des déchéances qui en sont la suite.

Dans le second but on a créé le double que nous appellerons *de commodité* et dont la nécessité se fait sentir pour donner à la lettre de change une prompte circulation.

Pour ce qui concerne les exemplaires de commodité, il faut remarquer que nous avons deux titres, mais ils n'ont pas une importance égale et séparée ; ils sont destinés à se confondre, l'un appelant l'autre vers lui.

Quels seront les droits et les obligations du détenteur de l'exemplaire, qu'on envoie à l'acceptation et du propriétaire de celui qu'on destine à la circulation ? Il faut les considérer séparément.

Les exemplaires de sûreté ont tous une valeur indépendante, l'un n'attire pas l'autre vers lui. C'est seulement aux exemplaires de sûreté et non point aux exemplaires de commodité, que s'appliquent les articles 147 et 148 du Code de Commerce. Car ici chaque exemplaire circulant a une valeur particulière, tandis que dans l'exemplaire de commodité, la copie seule circule.

Il peut être fait opposition au paiement de la lettre de change, dans le cas de perte de la traite ou de la faillite du porteur (art. 149.)

Si le porteur de la lettre de change vient à la perdre, il peut en obtenir un nouvel exemplaire. A cet effet, suivant l'art. 154, il doit s'adresser à son cédant qui est tenu de lui prêter son nom et ses soins pour agir contre l'endosseur antérieur, et ainsi de suite, en remontant jusqu'au tireur. Ce dernier devra délivrer un dernier exemplaire qui, accompagné des endossements, sera la reproduction fidèle du titre perdu.

Une distinction doit être établie entre le cas où la lettre de change a été acceptée, et celui où elle ne l'a point été. Si le tiré a accepté, son acceptation le constituant débiteur du tiers porteur , le propriétaire de la lettre de change perdue, ne pourra exiger le paiement qu'au moyen d'une ordonnance du juge , et en fournissant caution. Il ne peut obtenir cette ordonnance qu'en justifiant de sa propriété par la représentation d'un exemplaire. Dans le cas où il n'en aurait aucun , il justifiera de sa propriété par sa correspondance et ses livres. Il pourra même le faire par tout autre moyen de preuve, s'il n'est pas commerçant (art. 151-152.)

Si le tiré n'a pas accepté , deux cas peuvent se présenter : le prétendu propriétaire, a-t-il entre les mains une seconde , troisième lettre de change , il peut poursuivre le paiement sur cet exemplaire, dont la possession le dispense de justifier la propriété; n'a-t-il entre les mains aucun exemplaire, il devra justifier sa propriété par les moyens indiqués ci-dessus ; il devra de plus , obtenir une ordonnance du juge.

L'article 252 exige , de plus, la garantie d'une caution, ce qui nous semble peu logique : en effet , le tiré , n'ayant pas accepté , ne sera pas exposé à payer deux fois. La caution sera libérée après trois ans, si pendant ce temps, il n'y a pas eu de poursuites juridiques (art. 155). On l'a ainsi décidé, afin qu'il fût plus facile de trouver des cautions, Dans le cas où celui qui a perdu la lettre de change ne peut pas se faire payer par le tiré, il doit faire constater le refus par un acte de protestation dans les délais et suivant les formes prescrites par l'art. 155.

Comme en matière de lettre de change , la ponctualité dans le paiement est de la plus haute importance, la loi interdit aux juges d'accorder aux débiteurs , pour quelque cause que ce soit, une prorogation de délai.

DROIT ADMINISTRATIF.

Compétence administrative et judiciaire en ce qui concerne les communes.

Les communes constituent des personnes morales qui jouissent de tous les droits civils appartenant aux citoyens ; aussi elles ont la faculté de posséder, de jouir, etc....

Par une fiction de la loi, les communes sont constamment assimilées aux mineurs ; de sorte que la tutelle administrative remplace à leur égard la tutelle civile et les délibérations du conseil de famille.

Aussi l'autorité supérieure est-elle appelée à surveiller et contrôler les actes des corps municipaux qui seraient de nature à affecter des fonds de la commune, ou qui créeraient des engagements auxquels ses revenus ne pourraient satisfaire.

Cette action de contrôle et de surveillance constitue la tutelle administrative.

Elle appartient essentiellement à l'autorité du chef de l'état ; cependant, et dans les cas extraordinaires, l'intervention de la loi est nécessaire ; en d'autres cas, l'autorisation du ministre, du préfet, du conseil de préfecture ou du sous-préfet, suffit.

Le gouvernement ou la loi autorisent.

Le gouvernement seul homologue et approuve. Il dirige et règle. Il surveille, reçoit et arrête les comptes.

Le pouvoir législatif doit accorder l'autorisation pour les emprunts des communes qui ont plus de 100,000 francs de revenu. (Loi du 18 juillet 1837, art. 41.)

Le chef de l'état donne son autorisation dans la plupart des circonstances ; ainsi il autorise, en conseil d'état, les emprunts contractés par les communes ayant moins de 100,000 fr. de revenu. (Loi de 1837, art. 41.)

Le ministre approuve les projets et devis de constructions nouvelles ou reconstructions entières ou partielles, lorsque la dépense excède 30,000 fr. (Loi de 1837, art. 45.)

Les conseils de préfecture accordent aux communes l'autorisation de plaider. (Loi du 18 juillet 1837, art. 49.)

Enfin, le préfet prescrit la convocation extraordinaire du conseil municipal ou l'autorise, sur la demande du maire, toutes les fois que les intérêts de la commune l'exigent. (Loi du 21 mars 1831, art. 24.)

Le recours contentieux est inadmissible contre les décisions toutes de protection et de conservation émanées de l'administration active au premier chef, soit supérieure, soit inférieure.

Il faudrait cependant en excepter le cas où l'autorité tutélaire aurait commis un excès de pouvoir.

Ainsi, le pouvoir contentieux serait admis contre le refus fait par le ministre de l'intérieur de soumettre au chef de l'état les demandes des communes , à l'effet d'obtenir l'autorisation nécessaire, pour l'acceptation des dons et legs , ou pour l'aliénation de leurs biens, dans les cas où l'autorisation ne peut émaner que du chef de l'état.(Conseil-d'Etat, 12 janvier 1835.)

Il pourrait arriver que le refus d'autorisation de plaider privât une commune de la propriété, d'un droit; aussi lui a-t-on accordé un recours quasi-contentieux devant le Conseil-d'Etat. (Loi du 18 juillet 1837, art. 50). Mais les tiers n'auraient aucun recours contre ces divers actes de tutelle.

L'autorité judiciaire a mission de connaître des contestations relatives aux conventions privées ordinaires , telles que ventes , aliénations, échanges, etc., passées au nom des communes ou des établissements publics. Pas de difficulté sur ce point.

Mais il s'est élevé de graves discussions sur les marchés de fournitures et les adjudications de travaux faits au nom de ces personnes morales. Plusieurs auteurs attribuent à l'autorité administrative la compétence pour ces diverses matières.

Ainsi, M. Cormenin s'exprime en ces termes : « Du principe que les travaux, quoique communaux par leur but immédiat, peuvent avoir néanmoins un caractère d'utilité générale, et doivent être adjugés dans la forme employée pour les travaux publics proprement dits, il suit : qu'il appartient au conseil de préfecture, sauf recours au conseil d'Etat, de statuer sur les difficultés qui peuvent s'élever, soit entre les communes et les entrepreneurs, sur le sens et l'exécution des marchés; soit entre les communes et les architectes, pour la responsabilité des travaux dont la direction leur est confiée. » (T. 1, p. 428.)

La jurisprudence du conseil d'Etat n'offre aucune fixité sur cette matière.

Parfois, il considère comme soumises à l'appréciation de l'autorité administrative, les contestations relatives aux adjudications pe certains travaux communaux, qui lui paraissent rentrer dans la classe des travaux publics, parce qu'ils ont pour objet l'utilité publique ou la jouissance du public.

Souvent il fait résulter la compétence administrative de la réunion des deux circonstances suivantes : Que les travaux présentent un caractère d'utilité publique et qu'ils aient été adjugés dans les formes prescrites pour les adjudications de travaux publics.

C'est cette seconde distinction que la jurisprudence des tribunaux judiciaires tendrait à admettre.

Pour nous, les communes ne constituant que des personnes morales privées, nous pensons que les principes qui concernent l'état, seul représentant de l'intérêt général, ne doivent pas leur être appliqués.

Aussi nous sommes d'avis que les travaux et marchés faits au nom des communes sont de la compétence de l'autorité judiciaire.

Vu par le président de la Thèse,

DUFOUR.

Cette Thèse sera soutenue le 10 Août 1848, dans une des salles de la Faculté.

Toulouse, imprimerie de Vᵉ Sens et Janot, rue de l'Orme-Sec, 8.

www.ingramcontent.com/pod-product-compliance
Lightning Source LLC
Chambersburg PA
CBHW060515200326
41520CB00017B/5044